Impressum
Verlag: BABADADA GmbH, Nedderfeld 112 , 22529 Hamburg
Geschäftsführer / Verlagsleitung: Harald Hof
Druck: Books on Demand GmbH, In de Tarpen 42, 22848 Norderstedt

Imprint
Publisher: BABADADA GmbH, Nedderfeld 112 , 22529 Hamburg, Germany
Managing Director / Publishing direction: Harald Hof
Print: Books on Demand GmbH, In de Tarpen 42, 22848 Norderstedt

1

ቤት-ትምህርቲ

school

ክፍሊ ክላስ
classroom
መቀለ
divide
186/2
ሰሌዳ
board
ቀጽሪ ቤት-ትምህርቲ
መምህር
teacher
ወረቐት
paper
write
መጽሓፊ
pen
ጣውላ ምጽሓፍ
desk
መስመር
ruler
መጽሓፍ
book
ተመሃራይ
pupil

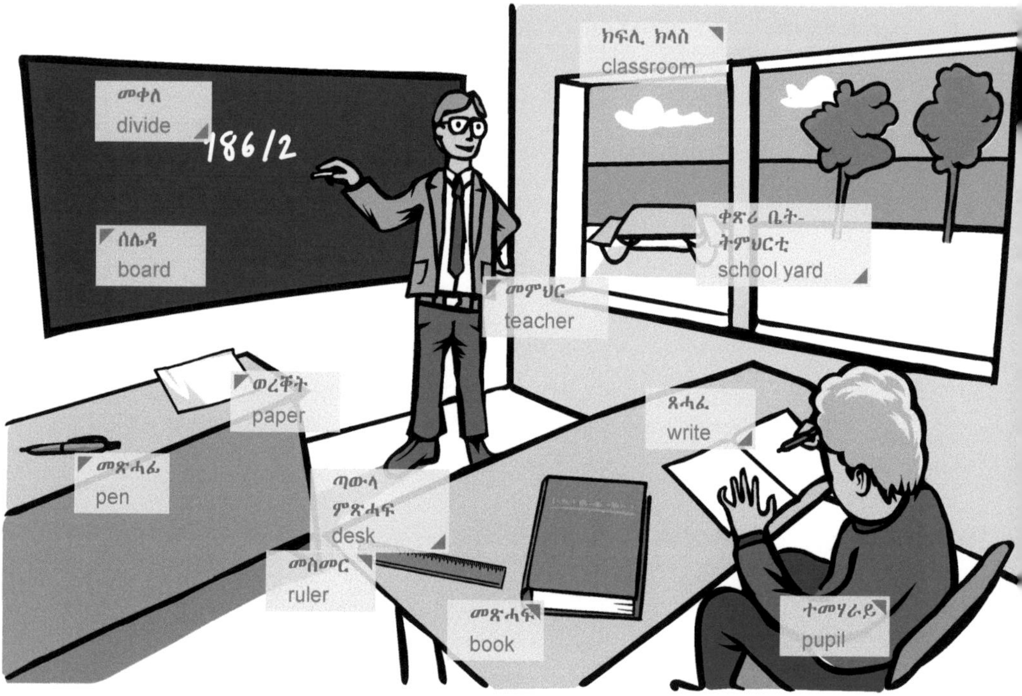

ሳንጣ ትምህርቲ

satchel

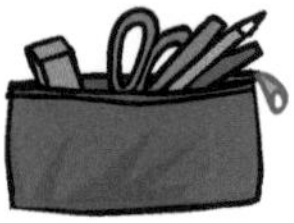

ሰፈር ብርዒ

pencil case

ርሳስ

pencil

መብልሒ ርሳስ

pencil sharpener

መደምሰሲ

rubber

ጥራዝ ስእሊ

drawing pad

ስእሊ

drawing

ብርዒ ቀለም

paintbrush

ቦክስ ቀለም

paint box

መቐስ

scissors

መጣበቒ

glue

ጥራዝ መላመዲ

exercise book

ዕዮ ገዛ

homework

ቁጽሪ

number

ወሰኽ

add

ጎደለ

subtract

ረብሐ

multiply

ደመረ

calculate

ፊደል

letter

ስርዓት ፊደላት

alphabet

ቃል

word

ጽሑፍ

text

ኣንበበ

read

ኲርሽ

chalk

ሰዓት

lesson

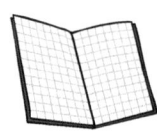

መዝገብ ክላስ

register

መርመራ

examination

ሰርቲፊከት

certificate

ድቢዛ ቤትትምህርቲ

school uniform

ትምህርቲ

education

ለክሲኮን

encyclopedia

ዩኒቨርሲቲ

university

ሚክሮስኮፕ

microscope

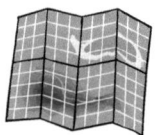

ካርታ

map

ጎሓፍ ወረቓት

waste-paper basket

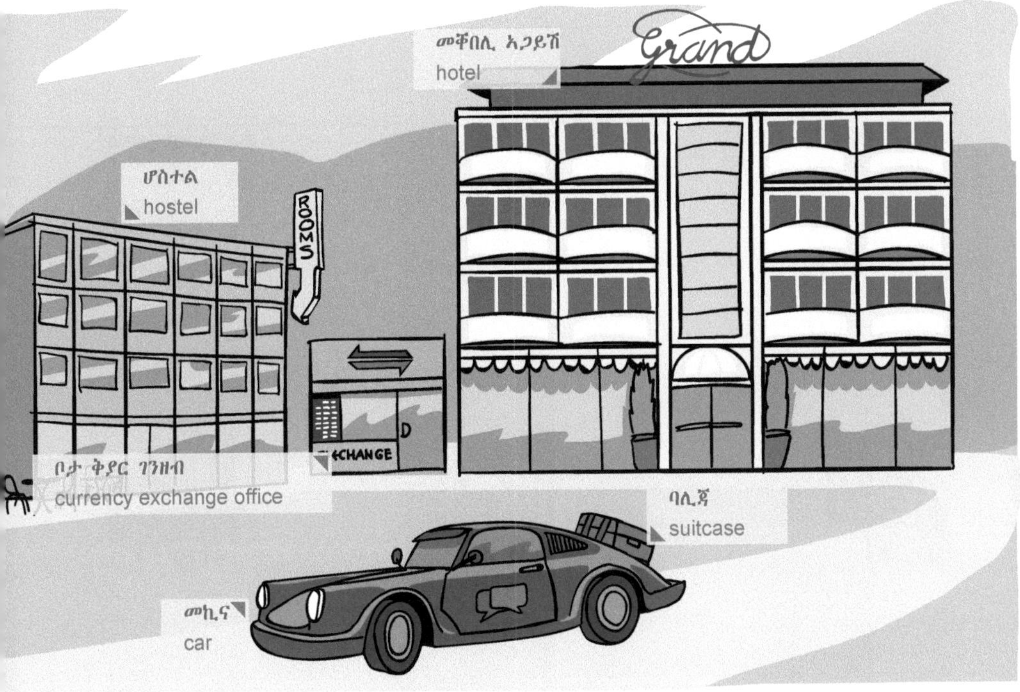

መቐበሊ ኣጋይሽ
hotel
Grand
ሆስተል
hostel
ROOMS
EXCHANGE
ቦታ ቅያር ገንዘብ
currency exchange office
ባሊጃ
suitcase
መኪና
car

ቋንቋ
....
language

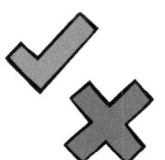

እወ / ኖ
....
yes / no

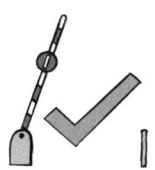

ሕራይ
....
Okay

ሰላም
....
hello

ኣስተርጓሚ
....
translator

የቐንየለይ
....
Thank you

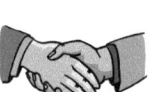

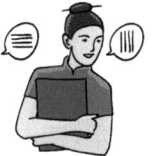

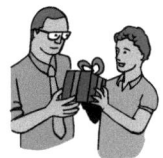

. . . ክንደይ ዋግኡ?

how much is...?

ኣይተረድኣኹን

I don´t get it

ሽግር

problem

ሰላም ምሸት!

Good evening!

ከመይ ሓዲርካ

Good morning!

ሰላም ለይቲ

Good night!

ደሓን ኩን

goodbye

ኣንፈት

direction

ጕዓዝ

luggage

ሳንጣ

bag

ሳንጣ ሕቘ

backpack

ጋሻ

guest

ክፍሊ

room

ክሻ መደቀሲ

sleeping bag

ቴንዳ

tent

ሓበሬታ በጻሕቲ ሃገር

tourist information

ገምገም ባሕሪ

beach

ክረዲት ካርድ

credit card

ቁርሲ

breakfast

ምሳሕ

lunch

ድራር

dinner

ቲከት

Ticket

ሊፍት

elevator

ማሕተም ደብዳበ

stamp

ዶብ

border

ድጓና

customs

ኣምበሲ

embassy

ቪዛ

visa

ፓስፖርት

passport

መጓዓዝያ

transport

ነፋሪት
airplane
መርከብ
ship
መኪና መጥፍኢ ሓዊ
fire truck
ናይ ጽዕነት መኪና
truck
ኣውቶቡስ
bus
ጃልባ ሞቶር
motorboat
ብሽግለታ
bike
መኪና
car

ፈሪ

ferry

ጃልባ

boat

ሞቶ

motorbike

መኪና ፖሊስ

police car

መኪና ቅድድም

racing car

ክራይ መኪና

rental car

ምውፋይ መካይን

car sharing

መወሰዲ መኪና

tow truck

መኪና ጎሓፍ

garbage truck

ሞቶር

engine

ነዳዲ

fuel

እንዳ ነዳዲ

fuel station

ምልክት ትራፊክ

traffic sign

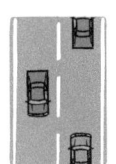

ትራፊክ

traffic

ምጭቕጫቕ ትራፊክ

traffic jam

መዐሸጊ መኪና

parking lot

መዕረፊ ባቡር

train station

ሓዲግ

tracks

ባቡር

train

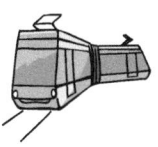

ትረም

tram

ባጎኒ

wagon

ሄሊኮፕተር

helicopter

መዓረፎ ነፈርቲ

airport

ታወር

tower

ተጐዓዚ

passenger

ኮንተይነር

container

ሳንዱቕ ካርቶን

carton

ኮርሳ ጽዕነት

cart

ዘንቢል

basket

ተበገሰ / ዓለበ

take off / land

ከተማ

city

ቍሸት

village

ማእከል ከተማ

city center

ገዛ

house

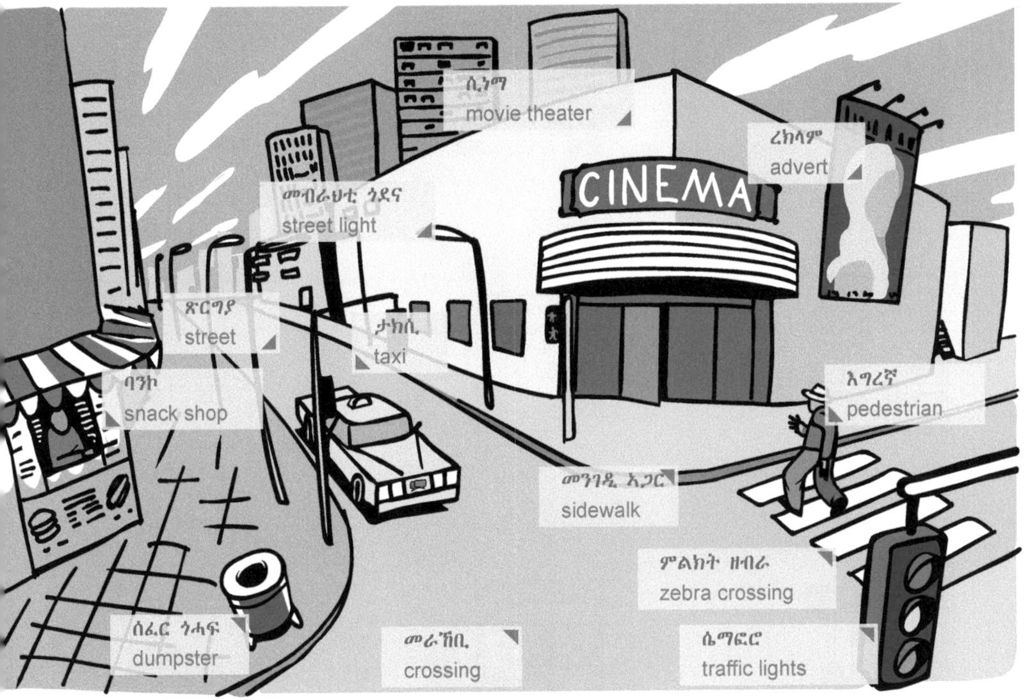

ሲነማ
movie theater

ረክላም
advert

መብራህቲ ጎደና
street light

CINEMA

ጽርግያ
street

ታክሲ
taxi

ባንኮ
snack shop

እግረኛ
pedestrian

መንገዲ እጋር
sidewalk

ምልክት ዘብራ
zebra crossing

ሰፈር ጓሓፍ
dumpster

መራኸቢ
crossing

ሴማፎር
traffic lights

አጉዶ
......
hut

አፓርትመንት
......
apartment

መዕረፊ ባቡር
......
train station

ቤት ምምሕዳር
......
city hall

ቤተ መዘክር
......
museum

ቤት-ትምህርቲ
......
school

ከተማ - city

11

ዩኒቨርሲቲ

university

ባንክ

bank

ሆስፒታል

hospital

መቐበሊ ኣጋይሽ

hotel

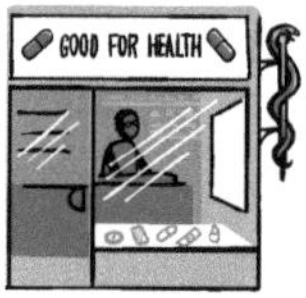

ቤት መድሃኒት

pharmacy

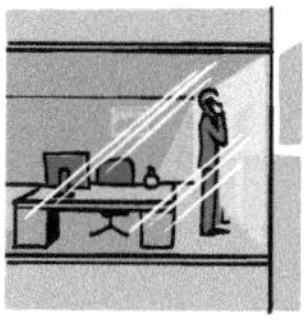

ቤት ጽሕፈት

office

ዱኳን መጽሓፍቲ

book shop

ዱኳን

shop

ዱኳን ዕንባባ

flower shop

ሱፐርማርክት

supermarket

ዕዳጋ

market

ሹቕ

department store

ነጋዳይ ዓሳ

fishmonger's shop

ሹቕ

mall

መርሳ

harbor

መዘናግዒ

park

ባንኪ

bench

ድልድል

bridge

መደያይቦ

stairs

ባቡር ትሕቲ ምድሪ

subway

ቢንቶ

tunnel

መዕረፊ ኣውቶቡስ

bus stop

ቤት መስተ

bar

ቤት-መግቢ

restaurant

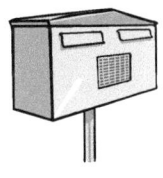

ሰታሪት

postbox

ታቤላ

street sign

ሰዓት ፓርኪንግ

parking meter

መካነ እንስሳታት

zoo

መሓምበሲ

swimming pool

መስጊድ

mosque

ቤት ሕርሻ
farm

ብከላ
pollution

መቓብር
cemetery

ቤተክርስትያን
church

ቦታ ምጽዋት
playground

ቤት መቕደስ
temple

ስእሊ መሬት

landscape

አቝጽልቲ
leaf

መሕበሪ መገዲ
signpost

መገዲ
path

ሸኻ
meadow

እምኒ
stone

ኮብላሊ
hiker

ኣግራብ
tree

ፈለግ
river

ሳዕሪ
grass

ዕንባባ
flower

ስንጭሮ

valley

ጎቦ

hill

ቀላይ

lake

ዱር

forest

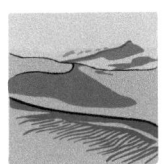

ምድረ በዳ

desert

እሳተ-ጎመራ

volcano

ግምቢ

castle

ቀስተ-ደመና

rainbow

ቃንጥሻ

mushroom

ዓርኮብኮባይ

palm tree

ጣንጡ

mosquito

ሃመማ

fly

ጻጸ

ant

ንህቢ

bee

ሳሬት

spider

ሕንዚዝ

beetle

ዕንቅርዖብ

frog

ምጽጹላይ

squirrel

ቅንፍዝ

hedgehog

ማንቲለ

hare

ጉንጓ

owl

ጭሩ

bird

ስዋን

swan

መፍለስ

boar

ዓጋዘን

deer

ሙስ

moose

ግድብ

dam

ተርባይን ንፋስ

wind turbine

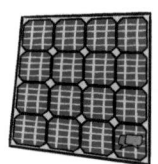

ሶላር ስርሓት

solar panel

ኩነታት ኣየር

climate

16   ስእሊ መሬት - landscape

ቤት-መግቢ

restaurant

waiter
ካርታ መግብታት
menu
መንበር
chair
soup
ፒትሳ
pizza
መመታተሪ
cutlery
ክዳን ጣውላ
tablecloth

ቅድመ ቀንዲ መግቢ

starter

ቀንዲ መኣዲ

main course

ድሕረ መግቢ

dessert

መስተ

drinks

መግቢ

food

ጥርሙዝ

bottle

ስሉጥ መግቢ

fast food

መግቢ ጽርግያ

street food

ብርጭቆ ሻሂ

teapot

ታኒካ ሽኮር

sugar bowl

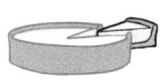

ክፋል

portion

ማሺን ኤስፕረሶ

espresso machine

ነዊሕ መንበር

high chair

ጸብጻብ

bill

ታብለት

tray

ካራ

knife

ፋርኪታ

fork

ማንካ

spoon

ማንካ ሻሂ

teaspoon

ሰርቭየተ

serviette

ብኬሪ

glass

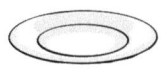

ሸሓኒ

plate

ሸሓኒ መረቕ

soup plate

ትሕቲ ኩባያ

saucer

ጸብሒ

sauce

ወሃቢ ጨው

salt shaker

መጥሓን በርበረ

pepper mill

ኣቸቶ

vinegar

ዘይቲ

oil

ቀመም

spices

ከቹፕ

ketchup

ኣድሪ

mustard

ማዮኒዝ

mayonnaise

ሱፐርማርከት

supermarket

ወፈያ
special offer
FOR
ዓሚል
customer
ፍርያታት ጸባ
dairy products
ፍረታት
fruit
ሰረገላ ዱኳን
shopping cart

እንዳ ስጋ

butcher's shop

እንዳ ባኒ

bakery

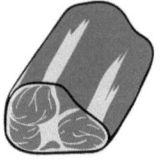

ክብደት

weigh

ኣሕምልቲ

vegetables

ስጋ

meat

መግቢ ፍሪጅ በረድ

frozen food

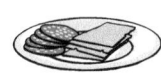

ዝሑል ቅሩብ መግቢ

cold cuts

እስቃጥላ

canned food

ኣሞ

detergent

ምቁር መግቢ

candy

ዘቤታውያን ኣቕሑ

household products

ናውቲ መጸረዩ

cleaning products

ሸቃጣይ

sales representative

ካሳ

cash register

ተሓዛ ገንዘብ

cashier

ዝርዝር ምግዛእ

shopping list

ክፉት ሰዓታት

opening hours

ማሕፉዳ

wallet

ክረዲት ካርድ

credit card

ሳንጣ

bag

ፌስታል

plastic bag

መስተ

drinks

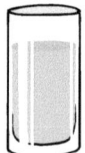

ማይ

water

ጽማቕ

juice

ጸባ

milk

ኮላ

coke

ነቢት

wine

ቢራ

beer

አልኮል

alcohol

ካካው

cocoa

ሻሂ

tea

ቡን

coffee

ኤስፕረሶ

espresso

ካፑቺኖ

cappuccino

መግቢ
food

ባናና
....
banana

ቱፋሕ
....
apple

ኣራንሺ
....
orange

ብርጭቕ
....
melon

ለሚን
....
lemon

ካሮት
....
carrot

ጻዕዳ ሽጉርቲ
....
garlic

ባምቡስ
....
bamboo

ሽጉርቲ
....
onion

ቅንጥሻ
....
mushroom

ፉል
....
nuts

ፓስታ
....
noodles

ስፓገቲ
....
spaghetti

ሩዝ
....
rice

ሰላጣ
....
salad

ቅልዋ ድንሽ
....
fries

ቅሉው ድንሽ
....
fried potatoes

ፒትሳ
....
pizza

ሃምቡርገር
....
hamburger

ፓኒኖ
....
sandwich

ቢስተካ
....
escalope

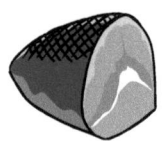

ሰለፍ ሓሰማ
....
ham

ሳላሚ
....
salami

ግዕዝም
....
sausage

ደርሆ
....
chicken

ቀለወ
....
roast

ዓሳ
....
fish

ገዓት

porridge oats

ሙስሊ

muesli

ኮርንፍለይክስ

cornflakes

ሓርጭ

flour

ክሮሶን

croissant

ባኒ

bread roll

ባኒ

bread

ቶስት

toast

ብሽኮቲ

cookies

ጠስሚ

butter

ርግኦ

curd

ፓስተ

cake

እንቋቑሖ

egg

ቅሉው እንቋቑሖ

fried egg

ፉርማጆ

cheese

አይስ ክሬም

ice cream

ሽኮር

sugar

መዓር

honey

ጀም

jelly

ኑጋት-ክረም

nougat cream

ኩሪ

curry

ቤት ሕርሻ
farm

ሓሰር ቦንዳ
straw bale
መኽዘን
barn
ግራት
field
ፈረስ
horse
ተስሓቢ
trailer
ትራክተር
tractor
ዒሉ
foal
donkey
በጊዕ
sheep
ዕየት
lamb

ጤል
....
goat

ብዕራይ
....
cow

ምራኽ
....
calf

ሓሰማ
....
pig

ውላድ ሓሰማ
....
piglet

ኣርሓ
....
bull

ዓዓ

goose

ማይ ደርሆ

duck

ጫቑት

chick

ደርሆ

hen

ኣርሓ ደርሆ

cockerel

ኣንጨዋ ዓባይ

rat

ድሙ

cat

ኣንጭዋ

mouse

ብዕራይ

ox

ከልቢ

dog

ኣጕዶ ከልቢ

dog house

ቱባ ጀርዲን

garden hose

መዝፈፊ ማይ

watering can

ዓቢ ማዕጺድ

scythe

ማሕረሻ

plow

ማዕጺድ

sickle

ጭኽሮ

hoe

መስአ

pitchfork

ፋስ

axe

ዓረብያ ኢድ

pushcart

ጋብላ

trough

ብርጭቆ ጸባ

milk can

ክሻ

sack

ሓጹር

fence

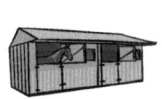

መንሰስ

stable

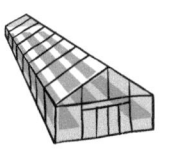

ቐጠልያ ገዛ

greenhouse

ባይታ

soil

ዘርኢ

seed

ድኹዒ

fertilizer

ዘጣምር ቀውዓይ

combine harvester

ቀውዐ

harvest

ጻማ

harvest

ድንሽ ያም

yams

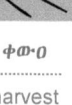

ስርናይ

wheat

ሶያ

soya

ድንሽ

potato

ዕፉን

corn

ራፕስ

rapeseed

ገረብ ፍረታት

fruit tree

ማኒኦክ

manioc

ኣእኻል

grain

house

chimney
ናሕሲ
roof
መውሓዝ ዝናብ
downspout
መስኮት
window
ጋራጅ
garage
ጭር መበሊት
doorbell
ማዕጾ
door
trash can
ቦክስ ደብዳበ
mailbox
ጀርዲን
garden

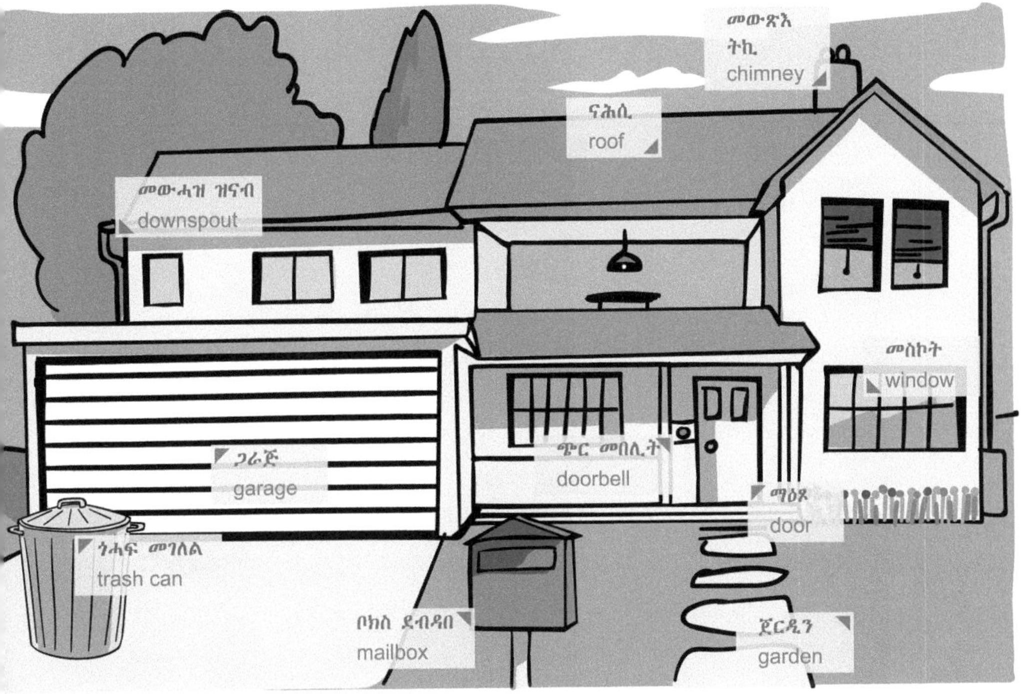

ክፍሊ ምቕማጥ

living room

ክፍሊ ባንዮ

bathroom

ክሽነ

kitchen

ክፍሊ መደቀሲ

bedroom

ክፍሊ ቆልዑ

kids room

መመገቢ ክፍሊ

dining room

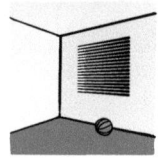

ባይታ

floor

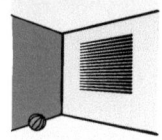

መንደቕ

wall

ከቦርታ

ceiling

ካንቲና

cellar

ሳውና

sauna

ባልኮን

balcony

ዛላ

terrace

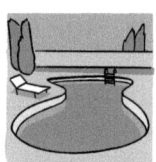

መሕምበሲ

pool

መቑረጺ ሳዕሪ

lawn mower

ኣንሶላ ዓራት

sheet

ከቦርታ ዓራት

bedspread

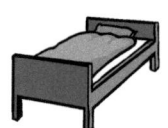

ዓራት

bed

መኾስተር

broom

መገለል

bucket

መወልዒት

switch

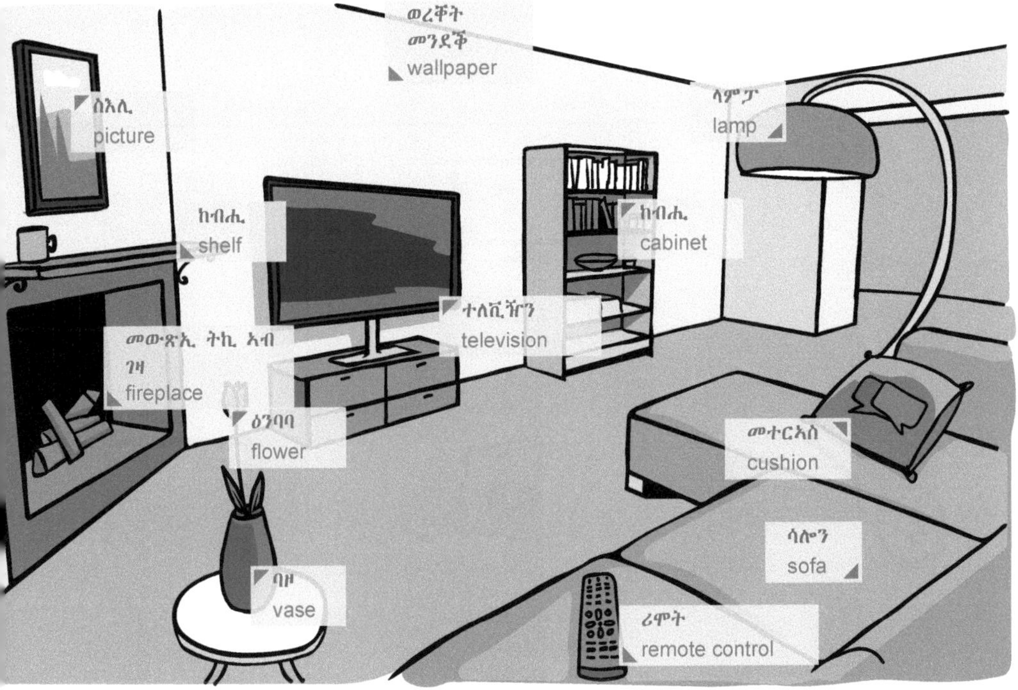

ወረቓት መንደቕ
wallpaper

ላምፓ
lamp

ስእሊ
picture

ከብሒ
shelf

ከብሒ
cabinet

መውጽኢ ትኪ ኣብ ገዛ
fireplace

ተለቪዥን
television

ዕንባባ
flower

መተርኣስ
cushion

ባዞ
vase

ሳሎን
sofa

ሪሞት
remote control

መንጸፍ

carpet

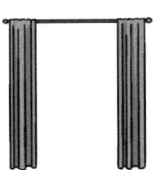

መጋረጃ

drape

ጣውላ

table

መንበር

chair

ሰለል ዝብል መንበር

rocking chair

መንበር ምቹእ

armchair

መጽሓፍ

book

ከቦርታ

blanket

ስልማት

decoration

እንጨይቲ ሓዊ

firewood

ፊልም

film

ስተረዮ

stereo system

መፍትሕ

key

ጋዜጣ

newspaper

ቕብኣ

painting

ፖስተር

poster

ረድዮ

radio

ጥራዝ

notebook

መልገሲ ደሮና

vacuum cleaner

በለስ

cactus

ሽምዓ

candle

ክሽነ

kitchen

መዝሓሊ
fridge
microwave oven
ሚዛን ክሽነ
ቶስተር
toaster
መጽረዪ
laundry detergent
እቶን
stove
መዝሓሊ በረድ
freezer
ጎሓፍ መገለል
trash can
መጽረዪ ኣቕሑ መግቢ
dishwasher

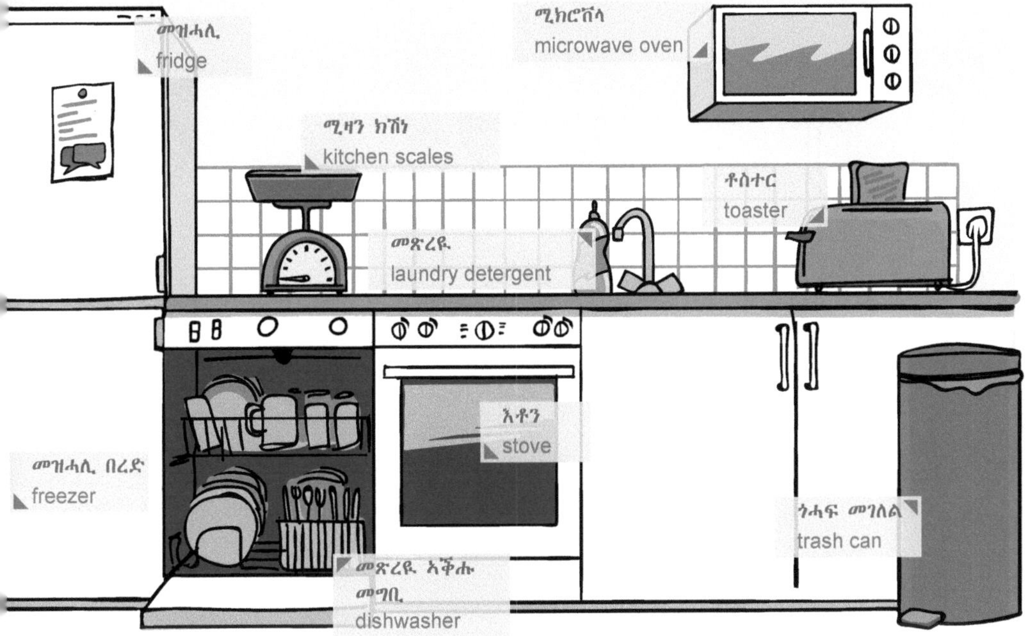

መኽሸኒ
....
cooker

ድስቲ
....
pot

ድስቲ ሓጺን
....
cast-iron pot

ቮክ/ካዳይ
....
wok / kadai

ባደላ
....
pan

መውዓዪ ማይ
....
kettle

መፍልሒ

steamer

ጓንቴራ ምስንካት

baking tray

ኣቕሑ መግቢ

crockery

ብርጭቆ

mug

ጭሖሎ

bowl

ማንካቺና

chopsticks

ማንካ መረቕ

ladle

መገልበጢ ባደላ

spatula

መኹስተር ውርጪ

whisk

መንፊት መግቢ

strainer

መንፊት

sieve

መፋሕፍሒ

grater

ሞርታር

mortar

ባርቢክዩ

barbecue

ስፍራ ሓዊ

fireplace

እንጨይቲ ምምታር

....

chopping board

እንጨይቲ ኰረር

....

rolling pin

መኽፈት ቡሽ

....

corkscrew

ታኒካ

....

can

መኽፈቲ ታኒካ

....

can opener

ጨርቂ ድስቲ

....

oven cloth

ቡምባ

....

sink

ኣስባስላ

....

brush

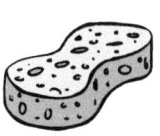

ሰፍነግ

....

sponge

ሓዋሲ ኣደባላቒ

....

blender

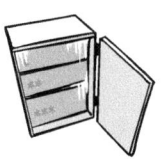

መዝሓሊ በረድ

....

deep freezer

ጥርሙዝ ማማይ

....

baby bottle

ቡምባ ማይ

....

tap

ክፍሊ ባንዮ
bathroom

መውዓዪ
heating

መሕጸቢ ሻወር
shower

ሽጎማኖ
towel

ሻወር መጋረጃ
shower curtain

መሕጸቢ ዓፍራ
bubble bath

ባንዮ መሕጸቢ
bathtub

ብኬራ
glass

ሓጸቢት
washing machine

ማዶነላ
tiles

ቡምባ ማይ
tap

ድስቲ
potty

ቡምባ
sink

ሽቓቕ
toilet

ሽቓቕ ኮፍ
squat toilet

በዱ
bidet

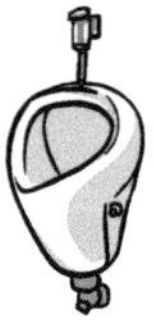

ሽቓቕ ተባዕታይ
urinal

ወረቐት ሽቓቕ
toilet paper

ኣስባስላ ሽቓቕ
toilet brush

ኣስባስላ ስኒ
....
toothbrush

ክረማ ስኒ
....
toothpaste

ሃሪ ስኒ
....
dental floss

ሓጸበ
....
wash

ዱሽ ኢድ
....
hand shower

ዱሽ
....
douche

ብርጭቆ ምሕጻብ
....
basin

ኣስባስላ ሕቖ
....
back brush

ሳምና
....
soap

ሻወር ጀል
....
shower gel

ሻምፑ
....
shampoo

ጨርቂ መሕጸቢ
....
flannel

መውሓዚ
....
drain

ክረማ
....
creme

ደዮ ጨና
....
deodorant

መስትያት

mirror

ናይ ኢድ መስትያት

hand mirror

መላጸ

razor

ዓፍራ ምልጻይ

shaving foam

ጨና ድሕሪ ምልጻይ

aftershave

መመሸጥ

comb

ኣስባስላ

brush

መንቐጺ ጸጉሪ

hair-dryer

ስፕረይ ጸጉሪ

hairspray

መመላኽዒ

makeup

ብርዒ ቀለም ከንፈር

lipstick

ኣዝማልቶ

nail varnish

ጸምሪ ጡጥ

cotton wool

መስደዲ ጽፍሪ

nail scissors

ጨና

perfume

ሳንጣ መሕጸቢ

washbag

ድኳ

stool

ሚዛን

weighing scales

ክዳን መሕጸቢ

bathrobe

ጓንቲ መጸረዪ

rubber gloves

ታምፖን

tampon

ጨርቂ ሰበይቲ

sanitary towel

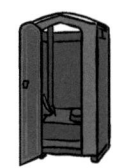

ሽቓቕ ከሚስትሪ

chemical toilet

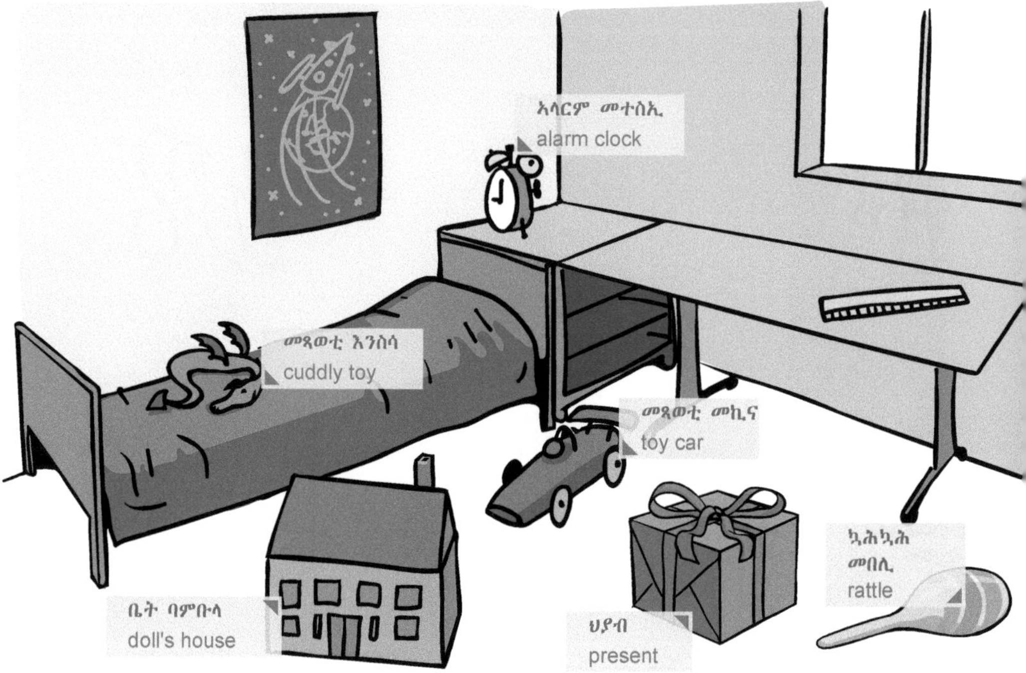

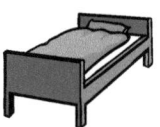

ኣላርም መተስኢ
alarm clock
መጻወቲ እንስሳ
cuddly toy
መጻወቲ መኪና
toy car
መበሊ
rattle
ቤት ባምቡላ
doll's house
ህያብ
present

ባላንችና

balloon

ዓራት

bed

ሰረገላ ህጻን

stroller

ጸወታ ካርታ

deck of cards

ሕንቅሊተይ

jigsaw

ኮሜዲ

comic

እምንታት መጻወቲ ለጎ

lego bricks

መጻወቲ እምንታት

toy blocks

በዓል አክቸን

action figure

ክዳን ማማይ

romper suit

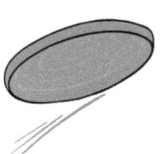

ፍሪስቢ

frisbee

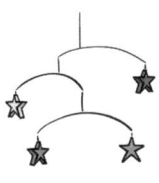

ሞባይል ማማይ

mobile

ጸወታ ሰሌዳ

board game

ኩቦ

dice

ሞደል ባቡር ምድሪ

model train set

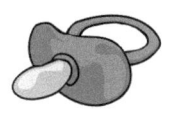

ዓባስ

pacifier

ፓርቲ

party

መጽሓፍ ስእሊ

picture book

ኩዕሶ

ball

ባምቡላ

doll

ተጻወተ

play

መጻወቲ ሑጻ

sandpit

ሰላል

swing

መጻወቲታት

toys

ኮንሶል ቪድዮ

video game console

መጻወቲ ሰለስተ መንኮርኮር

tricycle

ተዲ

teddy bear

ክብሒ ክዳን

wardrobe

ክዳን
clothing

ካልስታት

socks

ነዊሕ ካልስታት

stockings

ስረ ካልሲ

tights

ሻርባ
scarf
ጽላል
umbrella
ማልያ
t-shirt
belt
boots
ጫማ ገዛ
slippers
ስኒከርስ
sneakers

ሸበጥ

sandals

ጫማ

shoes

ረፋዕ ጎማ

rubber boots

ሙታንታ

underwear

ክዳን ጡብ

bra

ትሕተ ካሚቻ

undershirt

ቦዲ

body

ስረ

pants

ጂንስ

jeans

ቀምሽ

skirt

ካምቻ

blouse

ካሚቻ

shirt

ጉልፎ

pullover

ጎልፎ

sweater

ጃኬት

blazer

ጃከት

jacket

ጁባ

coat

ክዳን ዝናብ

raincoat

ኮስቱም

costume

ቀምሽ

dress

ቀምሽ መርዓ

wedding dress

ልብሲ

suit

ካሚቻ ለይቲ

nightgown

ክዳን ለይቲ

pajamas

ሳሪ

sari

መሃረብ ርእሲ

headscarf

ቱርባን

turban

ቡርካ

burka

ካፍታን

kaftan

ኣባያ

abaya

ክዳን መሕምበሲ

swimsuit

ስረ መሕምበሲ

trunks

ሓጺር ስረ

shorts

ክዳን ታዕሊም

tracksuit

በጃ ክዳን

apron

ጓንቲ

gloves

መልጎም
....
button

መነጽር
....
glasses

በንናጅር
....
bracelet

ማዕተብ
....
necklace

ቀለበት
....
ring

ኩትሻ
....
earring

ቆብዕ
....
cap

መንበሪ ጁባ
....
coat hanger

ባርኔጣ
....
hat

ካርራቫት
....
tie

ሻርነጣ
....
zip

ሀልመት
....
helmet

መድልደል ስረ
....
braces

ድቢዛ ቤትትምህርቲ
....
school uniform

ድቢዛ
....
uniform

ሰደርያ ቆልዓ

bib

ዓባስ

pacifier

ጨርቂ ማማይ

diaper

ቤት ጽሕፈት
office

ሰርቨር
server

ክብሒ ሰነድ
filing cabinet

ፕሪንተር
printer

ወረቓት
paper

ሞኒቶር
monitor

ጣውላ
ምጽሓፍ
desk

አንጭዋ
mouse

ሓኞሬ
folder

ኪቦርድ
keyboard

ጎሓፍ ወረቓት
waste-paper basket

ኮምፒተር
computer

መንበር
chair

ብርጭቆ ቡን

coffee mug

ካልኩለተር

calculator

ኢንተርነት

internet

ለፕቶፕ

laptop

ደብዳበ

letter

መልእኽቲ

message

ሞባይል

cell phone

ነትወርክ/መርበብ

network

መቅድሒ ፎቶኮፒ

photocopier

ሶፍትዌር

software

ተለፎን

telephone

ሶከት ኳረንቲ

plug socket

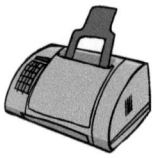

ፋክስ

fax machine

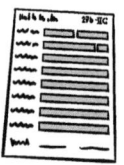

ፎርም

form

ሰነድ

document

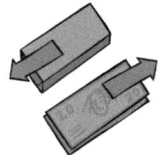

ቍጠባ

economy

ገዝአ

buy

ከፈለ

pay

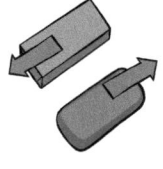

ንግዲ

trade

ገንዘብ

money

ዶላር

dollar

ኦይሮ

euro

የን

yen

ሩብል

rouble

ስዊዝ ፍራንክን

Swiss franc

ረንሚንቢ ዩዋን

renminbi yuan

ሩፒየ

rupee

መውጽኢ ማሺን ገንዘብ

cash point

ቦታ ቅያር ገንዘብ

currency exchange office

ወርቂ

gold

ብሩር

silver

ዘይቲ

oil

ሓይሊ

energy

ዋጋ

price

ውዕል

contract

ቀረጽ

tax

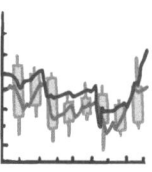

እኩብ ጥረ-ነገራት

stock

ሰርሐ

work

ሰራሕተኛ

employee

ኣስራሒ

employer

ትካል

factory

ዱኳን

shop

occupations

በዓል ፖሊስ
police officer
መጠፊኢ ሓዊ
fireman
cook
ሓኪም
doctor
መራሒ ነፋሪት
pilot

ሰራሕተኛ ጀርዲን

gardener

ጸራቢ ዕንጸይቲ

carpenter

ሰፋይት

seamstress

ፈራዳይ

judge

ቀማሚ

chemist

ተዋሳኢ

actor

መራሒ ኣዉቶቡስ

bus driver

ኣውቲስታ ታክሲ

taxi driver

ገፋፊ ዓሳ

fisherman

ጸራጊት

cleaning lady

ሃናጻይ ናሕሲ

roofer

ኣሰላፊ

waiter

ሃዳናይ

hunter

ሰኣላይ

painter

እንዳ ሕብስቲ

baker

ኤለትሪክኛ

electrician

ሃናጺ ኣባይቲ

builder

ሃንዳሲ

engineer

ሰራሕተኛ እንዳ ስጋ

butcher

ድራብሊኮ

plumber

ኣማላላሲ ፖስጣ

postman

ወተሃደር

soldier

መሃንድስ

architect

ተሓዝ ገንዘብ

cashier

ሰራሕተኛ ዕምባባ

florist

ቀም ቃማይ

hairdresser

ፈተሪኖ

conductor

መካኒክ

mechanic

መራሒ መርከብ

captain

ሓኪም ስኒ

dentist

ተመራማሪ

scientist

ራቢ

rabbi

ኢማም

imam

ፈላሲ

monk

ቀሺ

pastor

ሞያታት - occupations

55

ናውቲ

tools

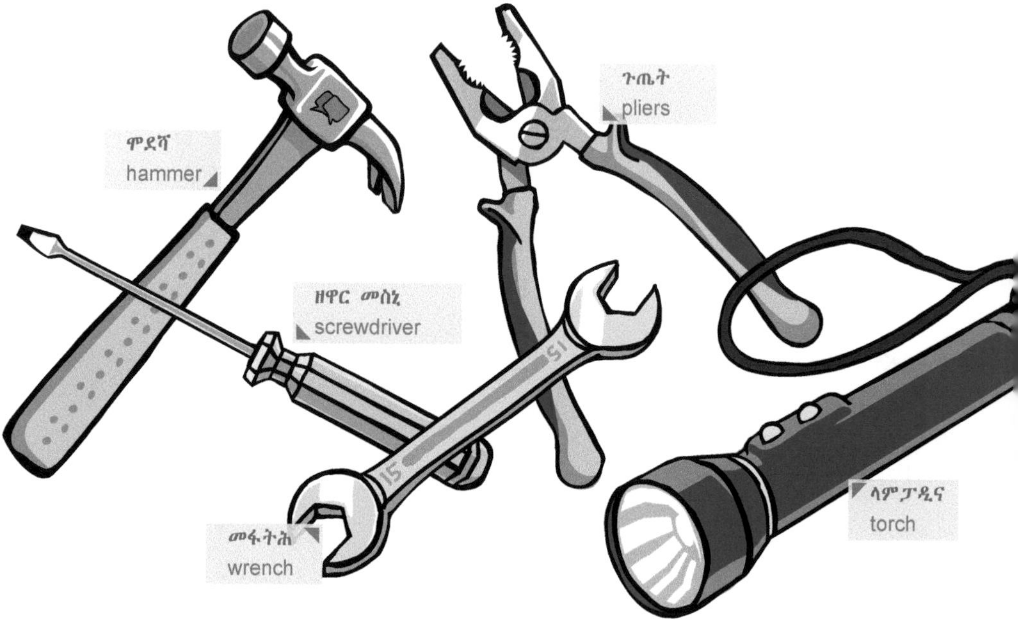

ሞደሻ
hammer
ጉጤት
pliers
ዘዋር መስኒ
screwdriver
መፍትሕ
wrench
ላምፓዲና
torch

ፈሓሪ

excavator

ናውቲ ቦክስ

toolbox

መደያይቦ

ladder

መጋዝ

saw

መስማር

nails

ኩዓቲ

drill

ምዕራይ

repair

ባደላ

shovel

አይ!

Damn!

መትሓዚ ዶሮና

dustpan

ድስቲ ቀለም

paint can

ካቻቢተ

screws

መሳርሒ ሙዚቃ
musical instruments

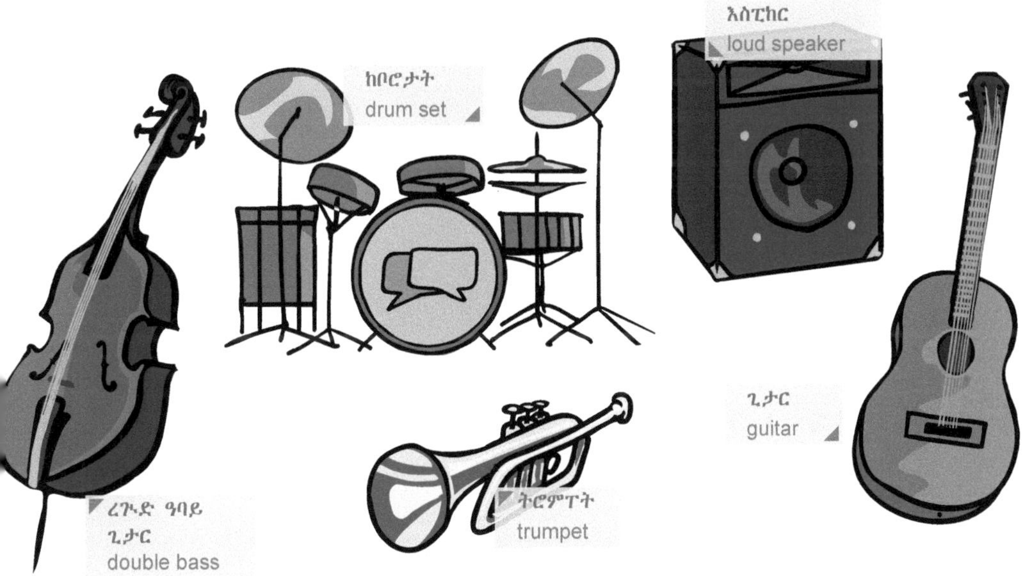

ክበሮታት
drum set

እስፒከር
loud speaker

ጊታር
guitar

ረጉድ ዓባይ
ጊታር
double bass

ትሮምፔት
trumpet

ፒያኖ

piano

ቪዮሊን

violin

ባስ ጊታር

bass

ቲምንኢ

timpani

ከቦሮ

drums

ኦርጋን

keyboard

ሳክሶፎን

saxophone

ሻምብቆ

flute

ሚክሮፎን

microphone

መካነ እንስሳታት

ZOO

መእተዊ
entrance
tiger
ጎብያ
cage
ኣድጊ በረኻ
zebra
መግቢ እንስሳ
animal feed
ፓንዳ
panda

እንስሳታት

animals

ሓርማዝ

elephant

ካንጋሩ

kangaroo

ሓሪሽ

rhino

ጉሪላ

gorilla

ድቢ

bear

ገመል

camel

ሰገን

ostrich

ኣንበሳ

lion

ህበይ

monkey

ፍላሚንጎ

flamingo

ሕንጻይ

parrot

ድቢ በረድ

polar bear

ፕንጉን

penguin

ከልቢ ዓሳ

shark

ጣውስ

peacock

ተመን

snake

ሓርገጽ

crocodile

ሓላዊ ቤት ገርድሽ

zookeeper

ዓሳ ዚምገብ እንስሳ ባሕሪ

seal

ጃጓር

jaguar

ሓጺር ፈረስ

pony

ነብሪ

leopard

ጉማረ

hippo

ጂራፍ

giraffe

ሊላ

eagle

መፍለስ

boar

ዓሳ

fish

ጎብየ

turtle

ዋልሩስ

walrus

ወኻርያ

fox

ሰስሓ

gazelle

ስፖርት
sports

ናይ አሜሪካ ኩዕሶ እግሪ
American football

ምዝዋር ብሽግለታ
cycling

ተኒስ
tennis

ባስኬትባል
basketball

ምሕምባስ
swimming

ሆኪ በረድ
ice hockey

ቦክሲንግ
boxing

ኩዕሶ እግሪ
soccer

ባድሚንተን
badminton

እስፖርታዊ ንጥፈታት
athletics

ኩዕሶ ኢድ
handball

ስኪ
skiing

ፖሎ
polo

ንጥፈታት
activities

jump
ሓቖፈ
hug
ሰሓቐ
laugh
ከደ
walk
ደረፈ
sing
ጸለየ
pray
ሰዓመ
kiss
ሓለመ
dream

ጸሓፈ

write

ሰኣለ

draw

ኣርኣየ

show

ደፍአ

push

ሃበ

give

ወሰደ

take

ኣለወ

....

have

ገበረ

....

do

ኮነ

....

be

ጠጠው በለ

....

stand

ጎየየ

....

run

ሰሓበ

....

pull

ሰንደወ

....

throw

ወደቐ

....

fall

ሓሰወ

....

lie

ተጸበየ

....

wait

ሰከም

....

carry

ኮፍ በለ

....

sit

ተኸድነ

....

get dressed

ደቀሰ

....

sleep

ተስአ

....

wake up

ረኣየ
....
look at

በኸየ
....
cry

ብኣጻብዑ ደረዘ
....
stroke

መሸጠ
....
comb

ተዛረበ
....
talk

ተረድአ
....
understand

ሓተተ
....
ask

ሰምዐ
....
listen

ሰተየ
....
drink

በልዐ
....
eat

ኣቐመጠ
....
tidy up

ኣፍቀረ
....
love

ከሸነ
....
cook

ዘወረ
....
drive

ነፈረ
....
fly

ብመርከብ ገየሸ
....
sail

ደመረ
....
calculate

ኣንበበ
....
read

ተመሃረ
....
learn

ሰርሐ
....
work

መርዓወ
....
marry

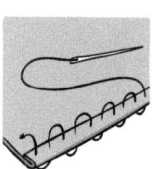

ሰፈየ
....
sew

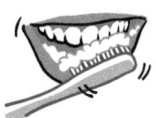

ጽሬት ኣስናን
....
brush teeth

ቀተለ
....
kill

ሽጋራ ተከኸ
....
smoke

ሰደደ
....
send

ዓባየ
grandmother

አቦሓጎ
grandfather

አቦ
father

አደ
mother

ማማይ
baby

ጓል
daughter

ወዲ
son

ጋሻ
guest

ሓትኖ
aunt

አኮ
uncle

ሓው
brother

ሓፍቲ
sister

አካላት

body

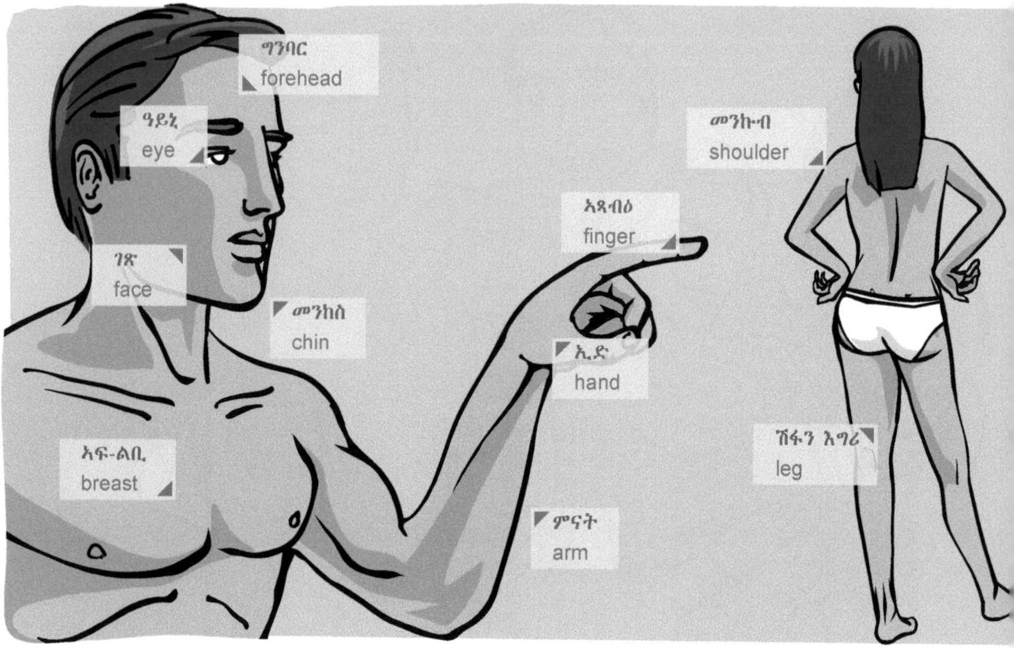

ግንባር forehead

ዓይኒ eye

መንኩብ shoulder

ኣጻብዕ finger

ገጽ face

መንከስ chin

ኢድ hand

ኣፍ-ልቢ breast

ሽፋን እግሪ leg

ምናት arm

ማማይ
baby

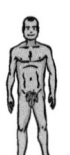

ሰብኣይ
man

ሰበይቲ
woman

ጓል
girl

ወዲ
boy

ርእሲ
head

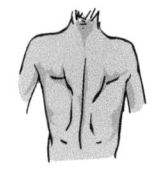

ሕቖ

....

back

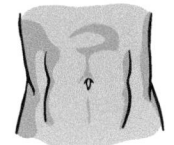

ከስዐ

....

belly

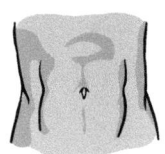

ሕምብርቲ

....

navel

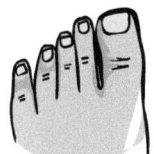

ኣጻብዕ እግሪ

....

toe

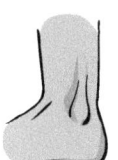

ኩርኾረ

....

heel

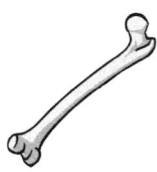

ዓጽሚ

....

bone

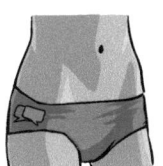

ምሕኲልቲ

....

hip

ብርኪ

....

knee

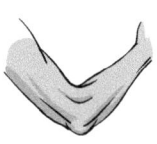

ፎግፎጐ

....

elbow

ኣፍንጫ

....

nose

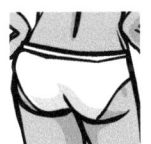

መዓኮር

....

buttocks

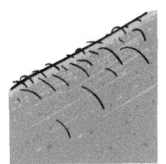

ቆርበት

....

skin

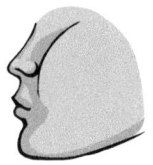

ምዕጉርቲ

....

cheek

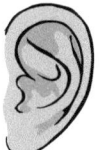

እዝኒ

....

ear

ከንፈር

....

lip

አፍ

mouth

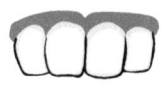

ስኒ

tooth

መልሓስ

tongue

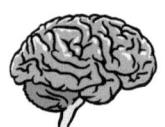

ሓንጎል

brain

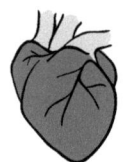

ልቢ

heart

ጭዋዳ

muscle

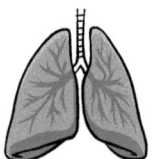

ሳንቡእ

lung

ጸላም ከብዲ

liver

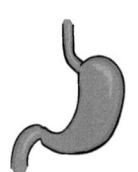

ከብዲ

stomach

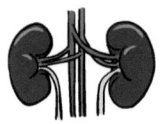

ኲሊት

kidneys

ግብረ ስጋ

sex

ኮንዶም

condom

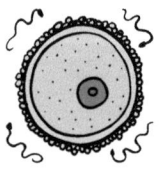

እንቋቑሖ

ovum

ዘርኢ ተባዕታይ

semen

ጥንሲ

pregnancy

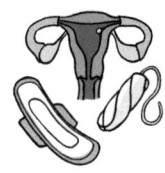

ጽግያት

menstruation

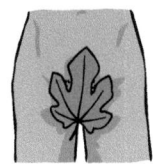

ርሕሚ

vagina

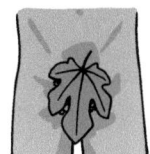

መትሎ

penis

ሸፋሽፍቲ

eyebrow

ጸጉሪ

hair

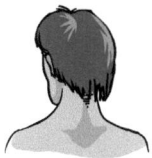

ክሳድ

neck

ሆስፒታል

hospital

ሓኪም

doctor

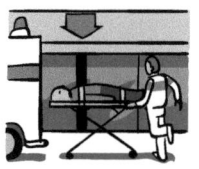

ክፍሊ ህጹጽ ረድኤት

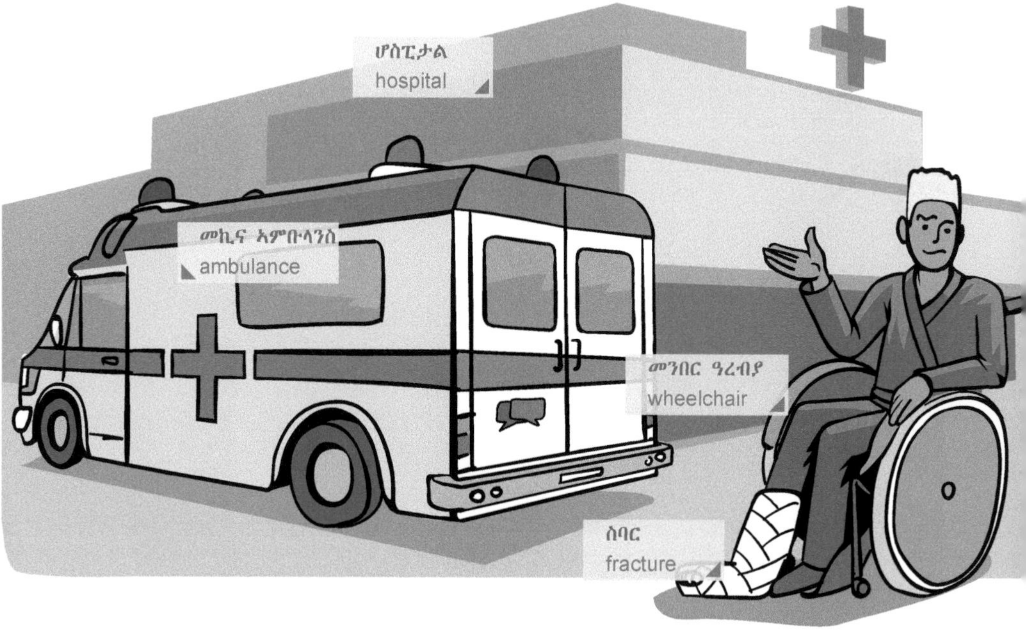

emergency room

ኣላይት

nurse

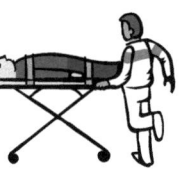

ህጹጽ ኩነት

emergency

ውነኡ ዘጥፍአ

unconscious

ቃንዛ

pain

ጉድኣት

injury

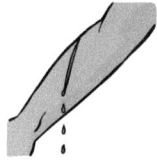

ደም

bleeding

ማህረምቲ

heart attack

ማህረምቲ

stroke

ኣለርጂ

allergy

ሰዓል

cough

ረስኒ

fever

ኢንፍልወንዛ

flu

ውጽኣት

diarrhea

ቃንዛ ርእሲ

headache

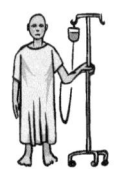

መንሸሮ

cancer

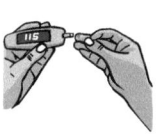

ሹኮርያ

diabetes

ሓኪም መጥባሕቲ

surgeon

መጥብሒ

scalpel

መጥባሕቲ

operation

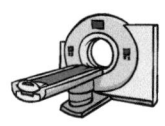

CT

CT

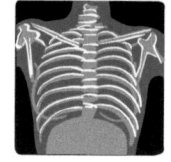

ራጂ

x-ray

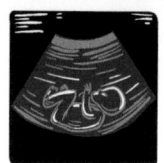

ልዕለ ድምጻዊ

ultrasound

መሸፈኒ ገጽ

face mask

ሕማም

disease

ክፍሊ ምጽባይ

waiting room

ምርኩስ

crutch

መጀነኒ ቑስሊ

plaster

መጀነኒ

bandage

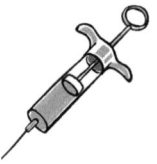

መርፍዕ ምውጋእ

injection

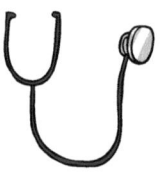

ስተቶስኮፕ

stethoscope

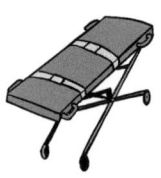

መሰከሚ ሕማም

stretcher

ቴርሞመተር

clinical thermometer

ትውልዲ

birth

ልዕለ-ሚዛን

overweight

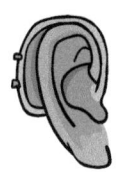

ሓገዝ ምስማዕ

hearing aid

ኣንጻሂ

disinfectant

ለበዳ

infection

ቫይረስ

virus

ኤድስ

HIV / AIDS

ሕክምና

medicine

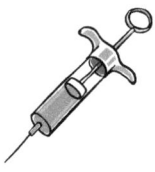

ክታበ

vaccination

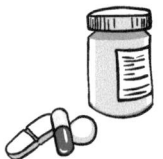

ከኒና

tablets

ከኒና

pill

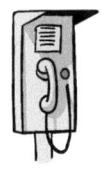

ህጹጽ ምድዋል

emergency call

መዕቀኒ ጸቕጢ ደም

blood pressure monitor

ሕሙም / ጥዑይ

ill / healthy

ህጹጽ ኩነት

emergency

ሓገዝ

Help!

ኣላርም

alarm

ምህጃም

assault

መጥቃዕቲ

attack

ድንገት

danger

ህጹጽ መውጽኢ

emergency exit

ሓዊ!

Fire!

መጥፍኢ ሓዊ

fire extinguisher

ሓደጋ

accident

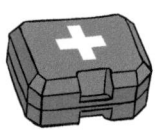

ሳንጣ ቀዳማይ ረድኤት

first-aid kit

SOS

SOS

ፖሊስ

police

ምድሪ
earth

ኤውሮጳ

Europe

ሰሜን ኣመሪካ

North America

ደቡብ ኣመሪካ

South America

ኣፍሪቃ

Africa

ኤስያ

Asia

ኣውስትራልያ

Australia

ኣትላንቲክ

Atlantic

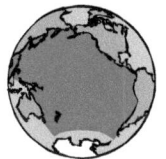

ፓሲፊክ

Pacific

ህንዳዊ ውቅያኖስ

Indian Ocean

ኣንታርቲካዊ ውቅያኖስ

Antarctic Ocean

ኣርክቲካዊ ውቅያኖስ

Arctic Ocean

ሰሜናዊ ዋልታ

North pole

ደቡባዊ ዋልታ

South pole

ኣንታርቲካ

Antarctica

ምድሪ

earth

መሬት

land

ባሕሪ

sea

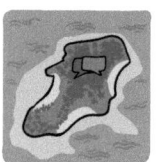

ደሴት

island

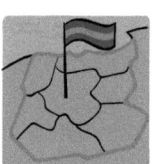

ሃገር

nation

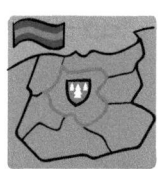

ዓዲ

state

ሰዓት

clock

ገጽ ሰዓት

clock face

ኣመልካቲ ሰዓታት

hour hand

ኣመልካቲ ደቓይቕ

minute hand

ኣመልካቲ ካልኢት

second hand

ሰዓት ክንደይ ኣሎ?

What time is it?

መዓልቲ

day

ግዜ

time

ሕጂ

now

ዲጂታል ሰዓት

digital watch

ደቒቕ

minute

ሰዓት

hour

ሰሙን

week

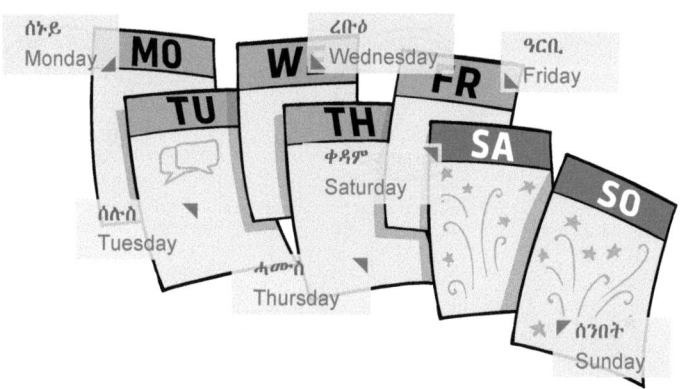

ሰኑይ
Monday
MO
ረቡዕ
Wednesday
W
ዓርቢ
Friday
FR
TU
TH
ቀዳም
Saturday
SA
ሰሉስ
Tuesday
ሓሙስ
Thursday
ሰንበት
Sunday

TUE
MON

ትማሊ

yesterday

TUE

ሎሚ

today

TUE

ጽባሕ

tomorrow

ንጉሆ

morning

ቀትሪ

noon

ምሸት

evening

መዓልታት ስራሕ

workdays

መወዳእታ ሰሙን

weekend

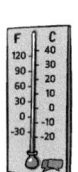

ዝናብ
rain
ቀስተ-ደመና
rainbow
ንፋስ
wind
በረድ
snow
ጽድያ
spring
ሓጋይ
summer
ቀውዒ
fall
ክረምቲ
winter

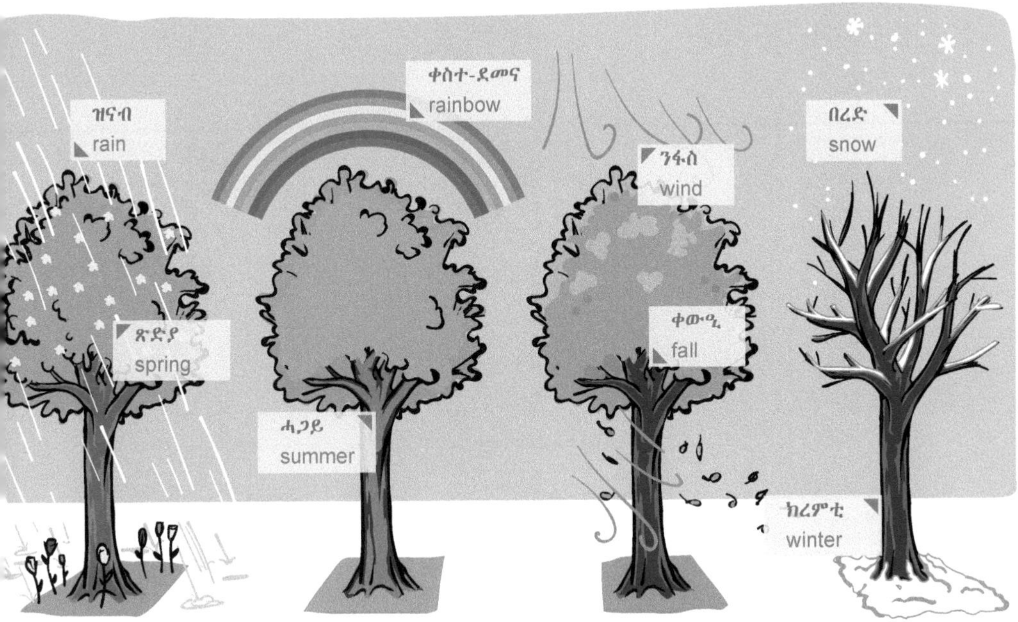

ትንቢት ኩነታት ኣየር

weather forecast

F

ቴርሞመተር

thermometer

ብርሃን ጸሓይ

sunshine

ደበና

cloud

ግመ

fog

ጠሊ

humidity

ብርቂ

lightning

ነጐዳ

thunder

ህቦብላ

storm

በረድ

hail

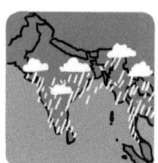

ብርቱዕ ህቦብላ

monsoon

ውሕጅ

flood

በረድ

ice

ጥሪ

January

ለካቲት

February

መጋቢት

March

ሚያዝያ

April

ጉንበት

May

ሰነ

June

ሓምለ

July

ነሓሰ

August

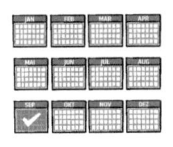

መስከረም

September

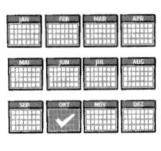

ጥቅምቲ

October

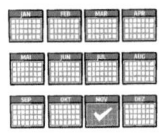

ሕዳር

November

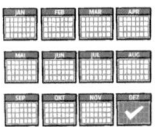

ታሕሳስ

December

ቅርጽታት

shapes

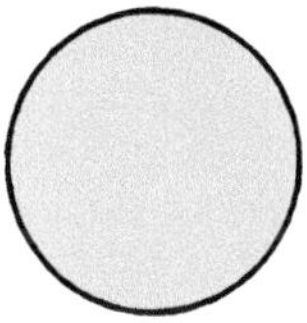

ዙርያ

circle

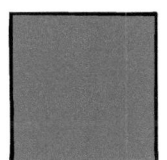

ትርብዒት

square

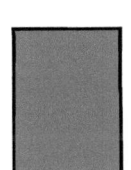

ቅኑዕ ርቡዕ ኵርናዕ

rectangle

ስሉስ ኩርናዕ

triangle

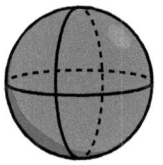

ክቢ

sphere

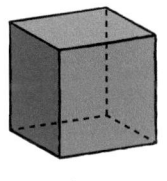

ኩቦ

cube

ሕብርታት

colors

ጻዕዳ

white

ብጫ

yellow

ኣራንሺ

orange

ፒንክ

pink

ቀይሕ

red

ጁኽ

purple

ሰማያዊ

blue

ቀጠልያ

green

ቡናዊ

brown

ሓሙኽሽታይ

gray

ጸሊም

black

ኣንጻራት

opposites

ብዙሕ / ውሑድ

a lot / a little

ሕሩቕ / ሰላማዊ

angry / calm

ጽቡቕ / ክፉእ

beautiful / ugly

መጀመርያ / መወዳእታ

beginning / end

ዓቢ / ንእሽቶ

big / small

ብሩህ / ጸልማት

bright / dark

ሓው / ሓፍት

brother / sister

ጽሩይ / ርሳሕ

clean / dirty

ምሉእ / ዘይምሉእ

complete / incomplete

መዓልቲ / ለይቲ

day / night

ሙዉት / ህልው

dead / alive

ሰፊሕ / ጸቢብ

wide / narrow

ደስ ዘበል / ደስ ዘይብል

edible / inedible

እኩይ / ህያዋይ

evil / kind

ርቡጽ / ስልኩይ

excited / bored

ረጊድ / ቀጢን

fat / thin

ቀዳማይ / ናይ መወዳእታ

first / last

ዓርኪ / ጸላኢ

friend / enemy

ምሉእ / ባዶ

full / empty

ተሪር / ልስሉስ

hard / soft

ከቢድ / ፈኩስ

heavy / light

ጥምየት / ጽምየት

hunger / thirst

ሕሙም / ጥዑይ

ill / healthy

ዘይሕጋዊ / ሕጋዊ

illegal / legal

መስተውዓሊ / ስዲ

intelligent / stupid

ጸጋም / የማን

left / right

ቐረባ / ርሑቕ

near / far

86

ኣንጻራት - opposites

ሓዲሽ / ብሉይ

new / used

ዋላ ሓደ / ገለ

nothing / something

ዓቢ/ኣረጊት / መንእሰይ

old / young

ወልዕ / ኣጥፍእ

on / off

ክፉት / ዕጹው

open / closed

ህዱእ / ዓው

quiet / loud

ሃብታም / ድኻ

rich / poor

ቅኑዕ / ግጉይ

right / wrong

ሓርፋፍ / ልሙጽ

rough / smooth

ጉሁይ / ሕጉስ

sad / happy

ሓጺር / ነዊሕ

short / long

ቀስ / ቅልጡፍ

slow / fast

ጥሉል / ንቑጽ

wet / dry

ምዉቕ / ዝሑል

warm / cool

ውግእ / ሰላም

war / peace

ቁጽርታት

numbers

0

ዜሮ

zero

1

ሓደ

one

2

ክልተ

two

3

ሰለስተ

three

4

ኣርባዕተ

four

5

ሓሙሽተ

five

6

ሽዱሽተ

six

7

ሸውዓተ

seven

8

ሸሞንተ

eight

9

ትሽዓተ

nine

10

ዓሰርተ

ten

11

ዓሰርተ ሓደ

eleven

12

ዓሰርተ ክልተ
....
twelve

13

ዓሰርተ ሰለስተ
....
thirteen

14

ዓሰርተ ኣርባዕተ
....
fourteen

15

ዓሰርተ ሓሙሽተ
....
fifteen

16

ዓሰርተ ሽዱሽተ
....
sixteen

17

ዓሰርተ ሸውዓተ
....
seventeen

18

ዓሰርተ ሸሞንተ
....
eighteen

19

ዓሰርተ ትሽዓተ
....
nineteen

20

ዕስራ
....
twenty

100

ሚእቲ
....
hundred

1.000

ሽሕ
....
thousand

1.000.000

ሚልዮን
....
million

ቋንቋታት

languages

እንግሊዝኛ

English

ኣመሪካዊ እንግሊዛዊ

American English

ቻይናዊ ማንዳሪን

Chinese Mandarin

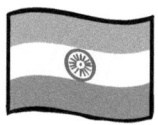

ሂንዳዊ

Hindi

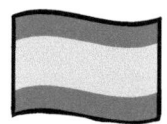

እስጳኛዊ

Spanish

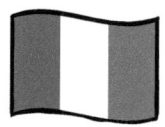

ፈረንሳዊ

French

ዓረባዊ

Arabic

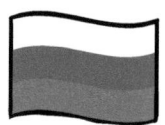

ሩሲያዊ

Russian

ፖርቱጋላዊ

Portuguese

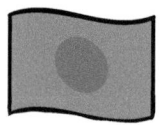

በንጋሊ

Bengali

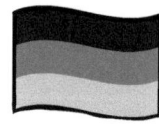

ጀርመናዊ

German

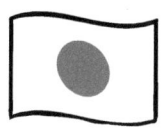

ጃፓናዊ

Japanese

መን / እንታይ / ከመይ
who / what / how

ኣነ

I

ንስኻ/ኺ

you

ንሱ / ንሳ / ንሱ

he / she / it

ንሕና

we

ንስኻ

you

ንሳቶም

they

መን?

who?

እንታይ?

what?

ከመይ?

how?

ኣበይ?

where?

መዓስ?

when?

HELLO, I AM

ሽም

name

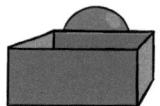

ኣበይ

where

ድሕሪ

behind

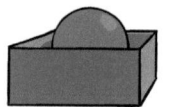

ኣብ

in

ኣብ ቅድሚ

in front of

ኣብ ላዕሊ

over

ኣብ ልዕሊ

on

ትሕቲ ምድሪ

under

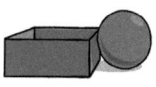

ኣብ ጥቓ

beside

ኣብ መንጎ

between

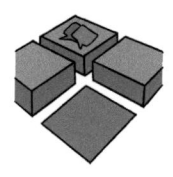

ቦታ

place